Oumarou Kandra Minté

Le poète polyphoniste

Oumarou Kandra Minté

Le poète polyphoniste

Éditions Muse

Imprint

Cover image: www.ingimage.com

Publisher:
Éditions Muse
is a trademark of
International Book Market Service Ltd., member of OmniScriptum Publishing Group
17 Meldrum Street, Beau Bassin 71504, Mauritius
Printed at: see last page
ISBN: 978-620-2-29695-3

A TOI JE DIS…

Je ne t'en veux pas

Non je ne peux pas t'en vouloir

J'ai essayé de te protéger

Oui je pensais te protéger

Je ne regrette rien

J'ai fait ce que j'ai pu

Oui j'ai fait de mon mieux

Des moments heureux firent entre nous

Refais ta vie et sois heureuse

Oumarou Kandra MINTE

AME SŒUR

Les oracles l'ont prédit
Tu es mienne
je suis tien

Penser à toi
c'est cela le bonheur
Te parler, la douceur

Tu es mon âme sœur
Oui, c'est toi

Vie sans toi
Je ne l'imagine point
Quel enfer serait la vie

Tu es mon espoir
Toi, ma belle passion
Je t'aime amoureusement

Oumarou Kandra MINTE

AMOUR, UNE ATTEINTE A LA LIBERTE

Deux êtres inconnus

Qui se rencontrent hasardeusement

Par heureuse ou malheureuse coïncidence

Décident d'une alliance

Une alliance qui semble douce

Une douceur procurant du plaisir

Qui au fil du temps se révèle féroce

Je la nomme amour, cette alliance

L'amour, une atteinte à la liberté

La liberté de l'un, la liberté de l'autre

La fidélité s'imposant comme vertu

La satisfaction de l'autre, comme règle

L'amour, une atteinte à la liberté humaine

Oui une atteinte qui parfois étouffe

Une atteinte nécessaire pour l'Homme

Oumarou Kandra MINTE

COMME LE PHENIX…

Brulé et mort par le feu
Oui, le feu de l'amour
Me voilà encore vivant

Interdit d'aimer
Depuis des années
Me voilà encore amoureux

Abattu, sans confiance
Depuis des années
Me voilà encore debout

Comme le phénix
Je renais de ma douleur
Me voilà encore vivant

Idéaliste avéré
Je crois encore en l'amour
Oui, l'amour, l'incompris

Tenace comme roc
Je crois encore en l'amour
Oui, l'amour, l'assassin

Aimant comme flamant rose
Je crois encore en l'amour
Oui, l'amour, le bonheur

Comme le phénix
Je renais de ma douleur
Me voilà encore debout

Oumarou Kandra MINTE

DEMAIN SERA MEILLEUR

De haut et de bas
La vie est ainsi faite
Si tout semble mal, gardes espoir
Regarde le bon coté
Sois positif, et non négatif
Si ça ne va pas aujourd'hui
Dis-toi, demain peut être meilleur
Oui demain sera meilleur

T'apitoyer sur ton sort n'est pas la solution
La vie est un combat, a-t-on dit
N'aies pas le moral atteint
L'arme indispensable est la force mentale
Savoure la vie quand elle est faite de haut
La vie, quand elle est faite de bas, gardes espoir
Dis-toi, demain sera meilleur

Oumarou Kandra MINTE

DES NUITS DE SOLITUDE

Des nuits de solitude
Ordinairement, dans la nuit
J'aime bien être avec l'être intime
Mais j'adore la solitude aussi parfois

Des nuits de solitude
Pour me plonger en moi-même
En compagnie des mélodies
Pour découvrir les mystères de la nuit

Des nuits de solitude
Souvent, seulement dans le silence
Aussi, en l'absence des mélodies
Pour écouter les mots du silence

Des nuits de solitude
La solitude a des merveilles
Que nous ne trouvons chez personne
La solitude, seule, les offre

Des nuits de solitude
Pour ramasser les trésors
Que généreusement la nuit accouche
Les mots, les visions, l'inspiration

Oumarou Kandra MINTE

DIARABI

DIARABI

Je te nomme ainsi avec élégance

Ce mot exprime amour

Oui je t'appelle ainsi Tendrement

Te savoir présente me rend énergiquement jovial

DIARABI

En ce temps de troubles

Tu es l'être qui me console

Tu me rappelles à chaque instant que la vie est belle

Et que tu es là pour la vivre agréablement avec moi

DIARABI

Tu me donnes le sourire, tu me fais rire

Tes jeux, tes petites chatouilles

Sont adorablement, sensiblement affectueux

Merveilleux sont nos moments

DIARABI

Je me battrai pour toi

N'en doutes pas, je me battrai pour nous

Peu importent mes occupations

Pour toi j'aurais toujours le temps

DIARABI

Ton odeur, ton parfum, si envoutants

La douceur de l'échange de nos baisers

Nos sms et appels téléphoniques nocturnes

Me rendent incroyablement bienheureux

DIARABI

Je passe évidemment des nuits solitaires

Des nuits pendant lesquelles tu me manques

Oui je m'y sens foutrement seul

Certes diarabi, pendant ces nuits je pense à toi

DIARABI

Ta chaleur humaine si sensiblement adorable

Est simplement unique, clairsemée

Si possible, nous fonderons une famille

Diarabi tu es mienne, je suis tiens

Oumarou Kandra MINTE

DODO

Dodo, le gentil

Dodo, l'amoureux de l'existence

Dodo, frère et ami

Dodo, est parti

Dodo, est parti pour toujours

Dodo, ton départ m'a surpris

Dodo, tu étais trop jeune

Dodo, plein d'avenir

Dodo, est parti

Dodo, est parti pour toujours

Dodo, ton Dieu a eu besoin de toi

Dodo, ton Dieu a eu trop tôt besoin de toi

Dodo, est parti pour toujours

Dodo, est parti

Dodo, est parti pour toujours

Dodo, que la terre te sois légère

Dodo, paix à ton âme

Dodo, reposes en paix

Oumarou Kandra MINTE

L'ETAT FEDERAL AFRICAIN

L'Etat unitaire est un monstre

Le monstre qui dévore ses propres enfants

Le temps du ''fédéralisme'' a sonné

L'Etat unitaire a montré ses limites

A nous de bâtir aussi notre Etat fédéral

Oui bâtissons notre Etat fédéral africain

Sinon nous péririons

Oui fédérons-nous ou périssons !

Oumarou Kandra MINTE

ETRE LIBRE

Etre libre

D'aller et venir librement

Libre de faire selon la volonté

La liberté, un pur bonheur

Seul être libre vaut

La dépendance, un malheur

Un malheur incommensurable

La liberté, la merveille

Oumarou Kandra MINTE

GENTILLESSE ET PRUDENSE

Etre gentil est humain
Etre prudent est sécurisant
Si la gentillesse humanise l'homme
La prudence, elle, lui garantit l'abri

Soyons gentils
Soyons prudents

Gentillesse et prudence
Ne sont pas ennemies
L'une humanise
L'autre sécurise

Soyons gentils
Soyons prudents

Gentillesse n'est pas naïveté
Prudence n'est pas méchanceté
Les deux peuvent cohabiter en l'Homme
Soyons gentils dans la prudence
Oumarou Kandra MINTE

HEUREUSEMENT

Tout le monde ne peut t'aimer

Tout le monde ne peut te détester

Heureusement

Tout le monde ne peut te tenir compagnie

Tout le monde ne peut te fausser compagnie

Heureusement

Tout le monde ne peut être ton ami

Tout le monde ne peut être ton ennemi

Heureusement

Tout le monde ne peut t'estimer

Tout le monde ne peut te sous-estimer

Heureusement

Tout le monde ne peut être heureux avec toi

Tout le monde ne peut être malheureux avec toi

Heureusement

Heureusement pour toi

Oui fort heureusement pour toi

Oumarou Kandra MINTE

HOMME POLITIQUE MALIEN

Homme politique malien

Aime ton pays

Aime le plus que ta propre personne

Homme politique malien

Connais ton pays

Connais le plus que ta propre personne

Homme politique malien

Défend ton pays

Défend le plus que ta propre personne

Homme politique malien

Seul le Mali vaut

Oui seul le Mali vaut

Oumarou Kandra MINTE

IL L'AIME MAIS ELLE L'IGNORE

Le cœur d'un ami amoureux

Elle ignore tout de son cœur

Il lui raconte des bêtises pour lui faire rire

Simplement par peur, oui par peur de briser son cœur d'ami amoureux

Il l'aime mais elle l'ignore

Alors qu'elle trouve ici ses sentiments

Lire ses messages est un plaisir

Sa présence équivaut à l'hypnose

De par sa présence, il est sous son emprise

Il ne se contrôle plus, les mots l'échappent, il raconte des conneries

Il l'aime mais elle l'ignore

Alors qu'elle trouve ici ses sentiments

S'éloigner d'elle est un malheur

Son parfum clairsemé éveille ses sens

Ses gros et beaux yeux le captivent et l'occupent

Sa sublime voix, sa taille fine, sa peau si douce et ses lèvres lisses si excitantes

LE POETE POLYPHONISTE

Il l'aime mais elle l'ignore

Alors qu'elle trouve ici ses sentiments

Il a accepté de souffrir en silence

Plutôt que de lui dire ses sentiments

Oui plutôt que de lui révéler ses sentiments

Par peur de briser son cœur, oui son cœur d'ami amoureux

Oumarou Kandra MINTE

ILS T'APPELLENT REVEUR

C'est certain, tu vises loin

Tu les entends dire : redescends sur terre

Ils ne croient pas en toi

Ils te croient incapable

D'arriver au bout de tes ambitions

Alors, tu as cessé de parler de tes ambitions

A ceux qui ne t'encouragent point

Ils t'appellent rêveur

Je te nomme ambitieux

C'est certain, tu vises loin

Les moyens, tu t'en donnes

Pour réaliser tes ambitions

Tu y arrives doucement

Tu y arrives surement

Ne leur laisses pas te dévier

Oui ne leur laisses pas te dévier

Du chemin qui mène à tes ambitions

Oumarou Kandra MINTE

J'AI DU MAL

J'ai du mal à être

Oui, à être indifférent au mal d'autrui

J'ai du mal à faire

Oui, à faire du mal à l'être humain

J'ai du mal à voir

Oui, à voir le mal triompher

Oumarou Kandra MINTE

J'AIME MA TERRE

Je vis amèrement loin de toi
Ta poussière, et ton vent chaud d'Avril
Me manquent terriblement

Ma terre rouge, je te préfère
Ton eau si douce venant du fleuve Niger
Me manque incroyablement

Je vis amèrement loin de toi
Ta culture si riche en diversité multicolore
Me manque affreusement

Je pense ardemment à toi, cher Mali
Toi qui m'a vu naitre
Je t'aime cher Mali, ma belle terre

Oumarou Kandra MINTE

JE DOIS VIVRE

J'ai du mal à retenir mes larmes

Des larmes qui m'apaisent

Fou d'inquiétudes

La peur me fait peur

La déception me rend fort

Je sais, je dois vivre

Oui, vivre heureusement

Oumarou Kandra MINTE

JE N'AIME PAS LE MONDE

Je n'aime pas le monde
Un monde où l'intérêt règne sur tout
Je n'aime pas ce monde-là

Je n'aime pas le monde
Un monde où l'hypocrisie est reine
Je n'aime pas ce monde-là

Je n'aime pas le monde
Un monde où la médisance est règle
Je n'aime pas ce monde-là

Je n'aime pas le monde
Un monde où l'honnêteté est pêché
Je n'aime pas ce monde-là

Je n'aime pas le monde
Un monde où l'entraide est regret
Je n'aime pas ce monde-là

Je n'aime pas le monde
Un monde où la vérité est crime
Je n'aime pas ce monde-là

Je n'aime pas le monde
Un monde où l'amour est illusion
Je n'aime pas ce monde-là

Je n'aime pas le monde
Un monde où l'humain n'a rien d'humanité
Je n'aime pas ce monde-là

Oumarou Kandra MINTE

JE TIENS A TOI

Je n'ai qu'une seule envie
Celle de faire ton bonheur
Et si par inadvertance
Je te fais du mal
Alors, tu pourras me punir
En me tirant les oreilles
Ou me donner des fessées
Je m'y plierai volontiers
Je tiens à toi
Oui, déraisonnablement

Oumarou Kandra MINTE

JEUNESSE GAO

Jeunesse Gao
Courageuse, tu l'as été
Tu as tenu tête aux envahisseurs

Jeunesse Gao
Brave, tu l'as été
Tu as défié même la mort pour le Mali

Jeunesse Gao
Vaillante, tu l'as été
Tu as marché contre l'effronterie

Jeunesse Gao
Jeunesse Gao

Jeunesse Gao
Patriote, tu l'es
Tu te bats pour le pays

Jeunesse Gao
Défenseur, tu l'es
Tu défends le Mali

Jeunesse Gao

Guide, tu l'es

Tu montres la voie aux autres

Oumarou Kandra MINTE

JUSTE ENVIE DE T'ECRIRE

Déstabilisante, tu l'es
Si difficile de t'aborder
Tellement que je t'apprécie

Peur de te décevoir
Je doute de mes mots
Lorsque je veux t'écrire

Séduisante, tu l'es
Si difficile de t'ignorer
Tellement que je t'apprécie

Peur de te décevoir
Je doute de mes mots
Lorsque je veux te parler

T'étonner ? Non.
Te surprendre ? Non.
Juste envie de t'écrire

Talentueuse, tu l'es
Je suis admiratif de ton talent
Tu es bluffante pour moi

Convaincu, je le suis
Je sais, tu relèveras des défis
Oui, tu feras des merveilles

Fierté, tu l'es
Je suis si fier de toi
Tu es fierté pour moi

Convaincu, je le suis
Je sais, tu iras loin
Oui, tu feras des merveilles

T'étonner ? Non.
Te surprendre ? Non.
Juste envie de t'écrire

Oumarou Kandra MINTE

OUI, C'EST FINI

Mal dans son âme

Admonesté

Etouffé

Fatigué

Il s'est sauvé

Il est parti

La fin a sonné

Enfin, oui, c'est fini

Oumarou Kandra MINTE

LA ROSE, JE TE L'OFFRE

Imbibée dans la douceur
Trempée dans le parfum
La rose, je te l'offre

Toi, amoureuse de la rose
Je te l'offre, cette fleur

Entretenue avec passion
Accompagnée d'amour
La rose, je te l'offre

Toi, amoureuse de la rose
Je te l'offre, cette fleur

Exprimant tendresse
Synonyme d'amour profond
La rose, je te l'offre

Toi, amoureuse de la rose
Je te l'offre, cette fleur

Oumarou Kandra MINTE

LA VIE EST AINSI

Circonstances mouvantes

Malheureuses, heureuses

La vie est simplement ainsi faite

Oumarou Kandra MINTE

LA VIE

Ils m'ont dit, la vie est un combat

Ils m'ont dit, les faibles n'ont pas de place

J'ai appris aussi, à mon tour, ces leçons

A l'école, là aussi ils m'ont appris à me battre

Là-bas ils m'ont enseigné l'histoire

Là-bas ils m'ont enseigné la littérature

J'ai découvert des écrivains engagés qui ont dénoncé les maux de l'Afrique

Qui ont dénoncé l'esclavage, le racisme, la ségrégation… faits aux noirs

Alors là, j'ai appris aussi, à mon tour, les faibles n'ont nullement de place

A la fois, j'ai découvert aussi le lyrisme

Les écrivains qui parlent de la beauté de la vie

Et, qui font l'étalage de leurs sentiments et de leurs vécus

Alors là, j'ai appris, à mon tour, la vie est une rareté unique

Et, qu'il faut en profiter au tant que possible

Encore, leur me voilà enseigner aussi la philosophie

Les philosophes de tout genre

Qui m'ont permis d'avoir une vision multidimensionnelle de la vie

Une vision qui m'a permis de ne pas me cantonner

Alors là, j'ai appris, la vie sans les faibles ne serait pas harmonieuse

Me voilà, pour des études de Droit

Là aussi, je découvre un autre monde différent des précédents

Un monde dans lequel, en premier lieu, ils m'enseignent le Droit pour rendre la justice

Alors là, je dis la vie est-elle possible sans justice ?

Dans un second temps, ils m'apprennent, le Droit n'est pas forcement la justice

Alors là, j'ai appris, la vie n'est faite que de rapports de forces et de moyens !

Oumarou Kandra MINTE

L'AUDACE

L'homme, de nature, hésite

Je me tiens à l'interrogatoire

J'ai la peur d'entreprendre

Si j'entreprends, et que j'échoue

La paresse d'essayer, de réessayer s'installe

Pourtant je dois réussir ma vie

Une vie pleine d'obstacles

Comment, alors, faire ?

Je dois avoir de l'audace pour surmonter la peur

Je dois être audacieux pour vaincre la paresse

Pour réussir ma vie, je me dois d'être audacieux

Oumarou Kandra MINTE

LE MALI UNI

Est, c'est le Mali
Ouest, c'est le Mali
Nord, c'est le Mali
Centre, c'est le Mali

Le Mali uni
C'est le même Mali

Noir, c'est le malien
Blanc, c'est le malien
Jaune, c'est le malien
Rouge, c'est le malien
Le malien, c'est le malien

Le Mali uni
C'est le même malien

Donso, c'est le Mali
Komo, c'est le Mali
Islam, c'est le Mali
Christianisme, c'est le Mali

Le Mali uni

C'est le même Mali

Race, c'est important

Ethnie, c'est important

Religion, c'est important

Culture, c'est important

Vivre ensemble, c'est encore mieux

Oumarou Kandra MINTE

LE MALI, notre mère patrie

Terre de nos ancêtres

Terre du grand empire du Mali

Terre des grands royaumes

Le Mali de l'université de Tombouctou

Le Mali de la charte de Kurukanfuga

Le Mali des trois cent trente-trois(333) saints

Terre des grands hommes

Terre des grandes femmes

Terre de cultures et de coutumes

Terre de religions

Terre des valeurs

LE MALI

Nous ne t'avons pas choisi

Tu nous as été destiné

Nous en sommes heureux

Terre d'accueil

Terre d'hospitalité

Terre de tolérance

Terre de solidarité

Terre de paix et de gaieté

Le MALI

Tu viens de traverser un si douloureux moment de ton histoire

Une histoire pleine de circonstances

Tu as pu te relever

Tu as pu te tenir debout

Tout comme, tu as survécu à la pénétration arabe

Tu as pu survivre une fois encore

Tout comme, tu as survécu à l'esclavage

Tu as pu survivre une fois encore

Tout comme tu as survécu à la colonisation

Tu as pu survivre une fois encore

Tout comme, tu as survécu aux luttes de l'indépendance

Tu as pu survivre encore et encore

LE MALI

Tu es encore debout

Tu as tangué et tu t'es même renversé

Tu as connu le coup d'Etat de 1968

Mais tu es encore debout

Tu as connu le coup d'Etat de 1991

Mais tu es encore debout

Tu viens de connaitre le coup d'Etat de 2012

Et tu es encore et toujours debout

LE MALI

Après tout cela, nous sommes encore sévères envers toi

Nous sommes sévères dans nos critiques pour le développement

Oui nous sommes sévères dans nos propos pour la démocratie

Ne devrions-nous pas être indulgents envers toi ?

Toi qui as connu tant de bouleversements chaotiques

Ne devrions-nous pas être indulgents envers toi ?

LE MALI

Tu vivais tranquillement jusqu'à ce qu'ils viennent te créer des ennuis

Tu n'as été chez aucun d'eux

Ils sont venus te trouver chez toi

Et ils t'ont imposé l'esclavage, la colonisation

Ils t'ont imposé leur conception de l'Etat, de démocratie

Ils t'ont imposé leur conception de l'alternance politique

LE MALI

Tu avais ta conception de l'Etat

Tu avais ta conception de démocratie

Tu avais ta conception de l'alternance

Malgré toi-même, tu as accepté tous leurs baratins

Et pour apprendre toutes ces nouvelles formes de gouvernance

Tu as dû prendre du temps dans l'apprentissage

Et leur voilà te critiquer du retard accusé dans l'instauration de ces normes

Leur voilà te critiquer pour le retard que tu connaisses pour le développement

LE MALI

Or eux qui parlent de l'Etat

Ils ont connu cette chose-là depuis des siècles

Leurs Etats ont des centaines d'âge

Or toi, tu n'as qu'une cinquantaine, constitutionnellement parlant

Et ils veulent que tu sois à la même hauteur qu'eux

Ne sont-ils pas sévères voire trop sévères envers toi ?

LE MALI

Le moment où tu construis des universités, des écoles

Au même moment, eux, ils ouvrent des restos du cœur

Car leurs universités et écoles ont des centaines d'année

Le moment où tu investis dans l'agriculture

Au même moment, eux, ils font de la surproduction

Ne sont-ils pas sévères voire trop sévères envers toi ?

LE MALI

LE POETE POLYPHONISTE

Tout le monde est sévère envers toi

Mêmes tes propres enfants le sont

Mais qu'il pleuve ou qu'il neige, tu émergeras !!!

Nous sommes là pour te protéger

Nous te protégerons de ces politichiens

Nous te protégerons de ces pilleurs, voleurs, corrupteurs

Nous te protégerons de ces indépendantistes

Nous te protégerons de ces putains de terroristes

Oui nous sommes nés pour toi et s'il le faut, nous mourrons pour toi

Rien ne viendra aucunement ébranler notre devise : un peuple-un but-une foi

Le MALI, tu émergeras !

Oumarou Kandra MINTE

LE MALI, TU VIVRAS

Le Mali, ils veulent te bouffer mais tu vivras
Oui ma mère patrie, tu ne tomberas guère
Tu es entre les fauves du monde
Des fauves qui ne voient que leurs intérêts

N'a-t-on pas dit qu'entre Etats, il n'y a que des intérêts ?
Ce propos est une évidence
Oui une évidence que tes dirigeants doivent accepter
Une évidence que tes dirigeants, voire ton peuple, doivent utiliser

La guerre qui sévit au nord est une manipulation internationale
Une manipulation internationale dénoncée par le député Belge Laurent Louis

Le Mali, tu es entre les fauves qui ne voient que leurs intérêts
Le Mali, à toi de défendre les tiens !!!
Oui le Mali défends tes intérêts, pas avec les armes, mais avec ruse

Le Mali, cette guerre est politique
Alors il va falloir la faire politiquement
Le Mali, n'aies pas peur, tu ne tomberas pas
Oui le Mali, tu vivras merveilleusement

Oumarou Kandra MINTE

LE MONDE QUE J'AIME

J'aime un monde d'humanité
Un monde où le vivre ensemble est réalité

J'aime un monde d'humanité
Un monde où la ségrégation est bannie

J'aime un monde d'humanité
Un monde où la discrimination est combattue

J'aime un monde d'humanité
Un monde où l'amour du prochain est la prière

J'aime un monde d'humanité
Un monde où l'entraide sociale est vertu

J'aime un monde d'humanité
Un monde où la paix règne entre tous

J'aime un monde d'humanité
Un monde où l'action humaine a pour finalité l'humain

J'aime un monde d'humanité
Un monde où l'humain a de l'humanité

Oumarou Kandra MINTE

LE PEUPLE MALIEN

Peuple Malien, qui es-tu sans le Mali ?
Tu viens de connaitre encore une fois l'effronterie
Vas-tu rester immobile sans défendre ta raison d'être, le Mali ?
Je pense que non car je connais ton sens de sacrifice

Certes tu es patient, tu sais raison gardée
Je n'ai aucun doute sur ton amour pour le Mali
Tu défendras avec têtes et pieds
Tu défendras avec Bras et corps
Oui tu défendras le Mali
Doit-il en être autrement ?
Je ne pense pas et je ne le penserai pas

Peuple Malien, lève-toi
Peuple Malien lève-toi pour envahir tous les coins
Oui envahis tous les coins et recoins du Mali
Pour dénoncer avec toutes tes forces la complicité de la France
Oui la complicité de la France avec le MNLA
Il est plus que temps pour dénoncer publiquement la France
Oui il est plus que temps pour mettre fin à cette effronterie
Ça suffit, trop c'est trop

Surtout n'abandonnes jamais vaillant peuple malien

Tes ancêtres n'ont jamais abandonné

Oui, vaillant peuple malien, sauves ton pays, le Mali

Oumarou Kandra MINTE

LE REVEUR

Je rêve
Oui, j'ai des rêves
Je les réaliserais
La vie est incertitude
Moi, je vis de rêves
Oui, je suis un rêveur
Un rêveur qui vit pour ses rêves

Oumarou Kandra MINTE

LE TALENT

Tu viens de là où il faut avoir des parents influents
Chez toi au Mali le talent ne suffit point
Tu viens de là où le talent ne suffit point
Chez toi au Mali il faut avoir des parents influents

Si tu as du talent sans avoir des parents influents
Ils te disent ''il faut continuer de travailler davantage''
Si tu as du talent sans avoir des parents influents
Ils te disent '' du courage, bonne chance'' avec sourire

Après travail, efforts et malgré ton talent
Tu traines encore et tu vois les moins bons réussir
Après travail, efforts et malgré ton talent
Tu traines encore et tu vois ceux des parents influents réussir

Finalement, tu te décourages et tu perds espoir
Seulement tu dois rester fort mentalement
Finalement, tu te décourages et perds espoir
Seulement tu dois continuer de croire en toi-même

LE POETE POLYPHONISTE

Certes tu viens de là où le talent ne suffit point

Mais avec le travail dans la durée tu réussiras toi aussi

Certes chez toi au Mali le talent ne suffit point

Mais avec efforts dans la durée tu réussiras toi aussi

Oumarou Kandra MINTE

L'HUMAIN

L'humain, un être si complexe

Il est intelligent, il est idiot

Il est riche, il est pauvre

Il est heureux, il est malheureux

L'humain

Il est constructeur, il est destructeur

Il est bon, il est mauvais

Il est gentil, il est cruel

Un être si complexe

Il aime, il déteste

Il unit, il divise

Il est ouvert, il est fermé

L'humain

Il est sociable, il est égoïste

Il est fier, il est indigne

Il est honorable, il est déshonorable

Un être si complexe

Il est solidaire, il est isolé

Il est adorable, il est répugnant

Il est vivant, il est mort

L'humain

LE POETE POLYPHONISTE

Il est tout ce que nous pouvons penser

Il est tout ce que nous pouvons dire

Une diversité humaine

Oui une diversité humaine qui fait du monde ce qu'il est

Oumarou Kandra MINTE

L'UTOPIE

Le faux et le vrai entremêlés

Le faux du puissant et le vrai du faible

Confusion inéluctable

Nous semons la terreur sur terre

Nous-nous en moquons royalement

Monde dégouttement terrifiant

Oui monde attiré périlleusement par l'intérêt uniquement

Intérêt égoïste et inhumain

Tranquillité confisquée ad vitam aeternam

L'homme même plus brillant

Est inapte à y trouver un remède

La paix est ailleurs où seuls les rêveurs d'ici-bas ont véritablement accès

L'utopie, c'est là où existe la paix

Oumarou Kandra MINTE

MA FLEUR

Ma fleur qui ne fane jamais

Tu es cette source qui me sert de ressources de vie

Tu es cette indiscutable espérance indescriptible qui m'anime

Et qui me permet d'exceller dans tout ce que je fais

Oui toi qui as su me réconforter pendant mes moments les plus difficiles

Oui toi qui m'as écouté et dorloté

Quand je suis perdu, tu me montres la voie la mieux indiquée

Tu constitues un guide pour ma personne

Tu es cette fleur si clairsemée, si douce et si parfumée

Tu dois être fière car tu rends un homme heureux

Tu embellies chaque seconde de mon existence

En ce jour universalisé en amour, je te dis Joyeuse fête de Saint Valentin

Oumarou Kandra MINTE

MA TOURTERELLE, JE T'AIME

Incarnation de la beauté

Etre femme te va admirablement

L'odeur parfumée de ton corps

La douceur appétissante de ta peau

Ta personne émerveillement apaisante

Pendant ton absence, tu me manques outrancièrement

Etre loin de toi est un malheur

Ta nostalgie me brule cruellement

Ma tourterelle, je t'aime

Oumarou Kandra MINTE

MERCI A TOI

Tu as ma reconnaissance
Tu fais partie de ma vie
Tu en feras toujours partie
Tu as été là, pour moi
Merci d'être là, à mes cotés

Quand tout semblait mal
Quand le monde me faisait peur
Quand je commençais à perdre espoir
Tu as été là, pour moi
Merci d'être là, à mes cotés

Tu ignores à quel point tu m'as été un soutien
Un soutien incommensurablement important
Tu m'as sauvé sans que tu ne te rendes compte
Tu as été là, pour moi
Merci d'être là, à mes cotés

La vie est faite de haut et de bas
Tout comme elle est faite de bonne et de mauvaise personne
Toi tu es une merveilleuse personne
Merci à toi d'être là, pour moi
Merci d'être là, à mes cotés

LE POETE POLYPHONISTE

Saches que je suis conscient

Conscient de la chance que j'aie

De t'avoir sur cette terre avec moi

Merci à toi d'être là, pour moi

Merci d'être là, à mes cotés

Oumarou Kandra MINTE

MES ACOLYTES

Vous me guérissez naturellement

La musique, mon inspiratrice

L'écriture, mon loisir

Vous, mes acolytes

Vous me donnez envie de vivre

Vivre, oui vivre bienheureusement

La musique, l'écriture, le nirvana

Oumarou Kandra MINTE

J'IRAIS EN GUINEE CONAKRY

J'irais en Guinée Conakry

J'irais dans ce pays voisin et frère

J'irais parler à ses hommes et femmes

Oui j'irais rappeler à ce pays son passé

Pour le rendre fier, et travailleur davantage

J'irais voir le président guinéen

Pour lui dire que la démocratie et la bonne gouvernance

Sont les deux clefs qui peuvent ouvrir la voie au développement

J'irais en Guinée Conakry

J'irais dans ce pays voisin et frère

Oui j'irais voir ses belles femmes

J'irais m'abreuver dans leur culture si dense et multicolore

J'irais écouter sa musique si perforante

Ses chansons mandingue, peulh et soussou

J'irais visiter un jour ce si beau pays

Oui j'irais en Guinée Conakry

Oumarou Kandra MINTE

MOI, J'ASSUME, JE SUIS

Mes choix, je les assume
Je ne fuis pas devant les défis
En revanche, je les affronte
Je peux avoir peur, mais sans jamais être lâche

Moi, j'assume, je suis !

J'assume mes succès tout comme mes échecs
Que je gagne ou que je perde, j'assume
Quand je gagne, je prends un festin en toute humilité
Quand je perds, je m'interroge

Moi, j'assume, je suis !

L'histoire ayant prouvé que le faible peut devenir puissant, et le puissant faible
Je refuse parfois le réalisme imposant le respect de l'ordre des choses
Certes, j'ai foi en ma ferveur et en ma capacité de changer cet ordre
Mais je suis aussi conscient de mes limites

Moi, j'assume, je suis !

LE POETE POLYPHONISTE

L'audace, la détermination et l'espoir sont mes armes de lutte

Quant à la chance, si elle existe, elle me sera soufflée par le cosmos

Je ne suis pas encore un grand homme

Pourtant, j'aime et adore les grands hommes

Oumarou Kandra MINTE

MON HAVRE DE PAIX

Amour lumineux, tu l'es
Tu es celle qui illumine ma vie
Comme la lune illumine les ténèbres
Tu es mon havre de paix

Amour réchauffeur, tu l'es
Tu es celle qui réchauffe mon cœur
Comme le soleil réchauffe le sahélien
Tu es mon havre de paix

Amour guérisseur, tu l'es
Tu es celle qui guérit mes blessures
Comme le médecin qui guérit le Mal
Tu es mon havre de paix

Amour bénisseur, tu l'es
Tu es celle qui bénit mes actes
Comme une mère qui bénit son bébé
Tu es mon havre de paix

Amour pacificateur, tu l'es
Tu es celle qui me rend paisible
Comme Mandéla a rendu paisible A.S
Tu es mon havre de paix

Oumarou Kandra MINTE

MON PERE

Je pense à toi presque tous les jours de mon existence
Je te vois dans chacune de mes épreuves
J'entends ta voix sonner dans mes oreilles

Je me rappelle de toutes nos sorties entre père et enfants
Je me rappelle de nos mécontentements aussi
Je me rappelle de nos discussions contradictoires

Père, tes conseils sont en moi
Oui père, tes conseils sont inhérents à ma personne
Toi qui as su donner à tes enfants tout l'amour que tu possèdes

Je me rappelle de nos exercices en littérature et en philo
Je me rappelle de tes sourires et de tes rires
Tu as été, tu es et tu resteras un guide pour moi

Je me rappelle de ce jour si triste, malheureux
Ce jour, Dieu, le tout puissant t'a rappelé auprès de lui
Je dirai que tu es parti un peu trop tôt, oui un peu trop tôt

Que peut-on contre le décret divin ?
Nous l'acceptons tout simplement
Repose en paix, très cher père
Oumarou Kandra MINTE

NOS FORCES ARMEES

Vaillants soldats
Debout sur les remparts
Sauveurs du Mali
Le peuple malien vous soutient

Vaillantes forces armées
Debout pour la République laïque
Gardiennes de l'Etat
Le peuple malien vous soutient

Vaillants soldats
Défenseurs de l'intégrité territoriale
Acteurs de la stabilité
Le peuple malien vous soutient

Vaillantes forces armées
Courageuses que vous êtes
Engagées que vous êtes
Le peuple malien vous soutient

Oumarou Kandra MINTE

NOUS VIVRONS AU MALI

Le Mali, dit à ces terroristes

Le Mali, dit à ces bandits armés

Oui le Mali, dit à ces ignorants

Que tes enfants que nous sommes

Nous n'irons nulle part pour vivre

Nous resterons chez nous

Si nous n'y sommes pas, nous y viendrons

Qu'ils sont drôles ces fauteurs de troubles

Malgré tout, nous resterons chez nous

Oui nous viendrons au Mali

Nous sommes imperturbables

Vive le Mali !

Oumarou Kandra MINTE

PARLE-MOI

Ne sois pas indifférente

Ne fais pas ce qui me déplait

Mon amour parle-moi

N'écoute pas les imbéciles

Parle-moi, parle-moi, parle-moi

Mon amour parle-moi

Si tu ne me parles pas

Je commence à réfléchir et à parler seul

Mon amour parle-moi

Si tu ne me parles pas

Je me sens foutrement seul et triste

Mon amour parle-moi

Je ne suis pas dingue

Je veux juste que tu me parles

Mon amour parle-moi

Je suis agréablement attiré

Par tes douces paroles et apaisantes

Mon amour parle-moi

Oumarou Kandra MINTE

PEU IMPORTE, JE VIS

Me vois-tu ?

Pourtant je suis là

M'écoutes-tu ?

Pourtant je parle

Me lis-tu ?

Pourtant j'écris souvent

Ben… peu importe, je vis

Je vis ma vie

Oumarou Kandra MINTE

POINT DE FACILITE

Ce monde n'est guère facile

Famille, société

Argent, amour

Santé, savoir

Rien ne s'obtient facilement

Le labeur est seule arme

L'arme dont il faut se munir

Point de facilité sur cette terre

Oui, point de facilité

Oumarou Kandra MINTE

POURQUOI ?

Pourquoi la vie ?

Alors que le temps finira par tout dévorer

Pourquoi l'argent ?

Alors qu'il décime le monde

Pourquoi s'instruire ?

Alors que l'ignorant vit heureux

Pourquoi se soucier de demain ?

Alors qu'il n'existe pas encore

Pourquoi le mariage ?

Alors que le célibat est liberté

Pourquoi le renom ?

Alors que vivre caché, c'est vivre à l'abri

Pourquoi le pouvoir ?

Alors qu'il rend fou celui qui le détient

Pourquoi, pourquoi ?

Alors que la question est profonde et la réponse infinie

Oumarou Kandra MINTE

QAUND LE REVE S'ENVOLE

Vie infortunée, Temps fugace

Désespérances, pertes

Le rêve s'envole

Quand le rêve s'envole

Le glas de l'homme sonne

Point de rêve, point de vie

Oumarou Kandra MINTE

REALITE

Le faible est pitoyable

Le monde est fauve

L'incapable est malheureux

La vie est bouleversement

Oui, exactement

La vie est bouleversement

Oumarou Kandra MINTE

SANS ELLE

Sans elle
Je me sens seul
Oui, foutrement seul
C'est elle ma reine

Sans elle
Je suis triste
Oui, terriblement triste
C'est elle ma reine

Sans elle
Mes joies sont fugaces
Oui, c'est vraiment le cas
C'est elle ma reine

Sans elle
Mes jours sont vides
Oui, vides de rires
C'est elle ma reine

Sans elle
Mes nuits sont vides
Oui, vides de douceur
C'est elle ma reine

Sans elle
Je me sens abandonné
Oui, abandonné dans le vide
C'est elle ma reine

Sans elle
Je suis un roi sans couronne
Oui, sans couronne
C'est elle ma reine

Oumarou Kandra MINTE

SE SENTIR AIMER

Se sentir aimer
Un sentiment fort simplement nécessaire
Pour chacun des humains

Se sentir aimer
Permet à l'humain d'être bon
En chassant la bête qui vit en chacun de nous

Se sentir aimer
Rend l'humain souriant
Jovial, heureux

Se sentir aimer
L'humain en a besoin
Pour traverser paisiblement l'existence

Se sentir aimer
Donnons de l'amour
Cela va de l'équilibre de la société

Oumarou Kandra MINTE

J'AIME SIMPLEMENT ECRIRE

Suis-je écrivain ?

Je ne prétends pas l'être

Pour moi, écrire est un loisir

C'est un passe-temps

Je m'en sers pour m'exprimer

Je m'en sers pour partager mes pensées

Des pensées discutables

Des pensées perfectibles

J'aime écrire simplement

Oui j'aime simplement écrire

Oumarou Kandra MINTE

TIENS MA MAIN

Nous sommes tous passagers dixit le cosmos

Toi et moi, nous irons un jour pour toujours

La vie est un passage épineux et joyeux à la fois

Tiens ma main pour que nous passions ensemble

Tiens ma main

La vie épineuse est dure à traverser

Alors viens et on fera ensemble ce passage

La vie aussi joyeuse est trop belle pour la vivre seul

Alors viens et on fera ensemble ce passage

Tiens ma main pour que nous passions ensemble

Tiens ma main

Que de rêves et difficultés !

Que difficultés et désolations !

Que joies et festins !

Tiens ma main pour que nous passions ensemble

Tiens ma main

Terrestre et céleste

La vie est ainsi faite admirablement

Cher Co-passager tiens ma main pour qu'on vive et aille plus tard

Ensemble là-bas, oui là-bas l'inconnu, l'imaginaire, l'infini

Tiens ma main pour que nous passions ensemble

Tiens ma main

Oumarou Kandra MINTE

TRISTESSE ET DOULEUR

Isolé, dépressif
Tu es triste
La vie est tristesse

Seul, en colère
Tu es triste
La vie est douleur

Trop de honte
Trop de blessure
Trop de déception

Ignoré, abandonné
Tu es triste
La vie est tristesse

Insulté, écarté
Tu es triste
La vie est douleur

Trop de mort
Trop de profanation
Trop de bêtise

Mort dans l'âme
Tu es triste
La vie est tristesse

Envouté, par l'échec
Tu es triste
La vie est douleur

Trop de larme
Trop de solitude
Trop de désolation

Debout, au visage serré
Tu es triste
La vie est tristesse

Croupi, dans le sable
Tu es triste
La vie est douleur

Oumarou Kandra MINTE

TU M'OBSEDES

Tu mes dévores
Oui, par ton regard
Tu m'envoutes
Oui, par tes yeux sorciers
Tu me fascines
Oui, par ton sourire
Tu m'obsèdes
Oui, par ta personne

Oumarou Kandra MINTE

TU PEUX COMPTER SUR MOI

Prend ma main

Prends la main que je te tende

Certes mes épaules ne sont pas vastes

Mais en cas de besoin tu pourras pleurer dessus

Je serais toujours, toujours là pour toi

Tout change mais une chose est sure

Tu peux compter sur moi

Oumarou Kandra MINTE

UNE ADOLESCENCE EPANOUIE

Quand j'y pense, je souris
Quand je regarde les photos de l'époque
Chose que je fais souvent
Surtout pendant mes nuits solitaires
Histoire de me rappeler des souvenirs
Je me mets à rire, c'est marrant

L'adolescence, un moment de fougue
Un moment de merveille

Quand je pense à mes amis
Quand je pense à nos bêtises d'autre fois
Quand je pense à toutes ces filles
Devenues femmes mariées en ces jours
Certaines sont mères dès lors
Que les filles grandissent vite !

L'adolescence, un moment de fougue
Un moment de merveille

LE POETE POLYPHONISTE

Quand je pense à ces histoires de grin

Quand je pense à ces soirées dansantes

Soirées organisées au moins une fois annuellement

Quand je pense à ces diners de 31

Quand je pense à ces moments de football

J'ai eu une adolescence épanouie

Oumarou Kandra MINTE

Printed in Germany
by Amazon Distribution
GmbH, Leipzig

18271066R10050